NOTICE

SUR

LA VIE ET LES ŒUVRES

DU

Dr JEAN-NOËL ROUX

(de Brignoles)

PROFESSEUR DE PATHOLOGIE EXTERNE ET DE MÉDECINE OPÉRATIVE
A L'ÉCOLE DE MÉDECINE DE MARSEILLE,
MEMBRE CORRESPONDANT DE L'ACADÉMIE DE MÉDECINE
ET DE LA SOCIÉTÉ DE CHIRURGIE DE PARIS,
OFFICIER DE L'UNIVERSITÉ, ETC.

Lue en Séance publique de la Société Impériale de Médecine de Marseille,

Le 12 Mars 1870

Par le Dr SIRUS-PIRONDI.

MARSEILLE.
TYP. ET LITH. BARLATIER-FEISSAT PÈRE ET FILS
RUE VENTURE, 19.

1870.

ÉLOGE
DE
JEAN-NOËL ROUX
(de Brignoles)

MESSIEURS,

La tâche qui m'est échue n'est pas ordinairement de celles qu'on sollicite ; on les accepte par devoir, on s'en acquitte avec dévouement, et le cœur se sent à l'aise, si, au bout de l'œuvre entreprise, on peut se dire qu'avec une équitable impartialité on s'est tenu à égale distance de l'éloge illégitime ou d'une critique imméritée.

Pour cette fois, cependant, je tiens à le déclarer, c'est avec un pieux empressement que nous avons entrepris la narration sommaire de la vie et une courte analyse des œuvres du professeur Roux, de Brignoles. Sa vie a été un exemple digne d'être médité, à quelque point de vue qu'on l'envisage ; et ses œuvres ont laissé une trace ineffaçable dans la marche progressive de la chirurgie française. — Que si, de son vivant, on a pu parfois passer à côté d'un vrai trésor de science sans se douter du tort que l'on faisait à la science elle-même en ne puisant pas aussi largement qu'on aurait dû le faire à une source si féconde, il appartenait à notre Compagnie de revendiquer en faveur de notre regretté collègue la part qu'il a prise dans la première moitié de notre siècle, à cimenter les grands travaux d'un de nos plus grands maîtres — nous avons nommé Delpech — et je dois remercier la Société de Médecine de l'insigne honneur qu'elle m'a fait en me choisissant pour son interprète, quelque rude et difficile qu'apparaisse pour nous la route qu'il s'agit maintenant de parcourir.

Jean-Noël Roux, naquit à Narbonne le 25 Mars 1797. Nous pouvons cependant le compter au nombre de ces enfants de la Provence qui alimentent sans cesse la phalange d'hommes distingués, et parfois illustres, qui ont honoré et honorent de nos jours cette belle partie de la France. La famille de M. Roux est en effet de Pélissanne, elle appartient à la plus ancienne bourgeoisie du pays ; elle n'a que temporairement quitté la Provence pour le Languedoc, et aujourd'hui encore M. Joseph-Simon Roux, frère de notre regretté collègue, après avoir servi avec distinction dans le corps médical de la marine, s'est retiré à Pélissanne avec le grade de chirurgien major, et y est devenu, soit dit en passant, la providence des malades, et plus particulièrement des malades pauvres.

Une organisation d'élite, un grand désir d'apprendre, et beaucoup de cette noble émulation qui double, pour ainsi dire, les forces de l'intelligence, firent bientôt remarquer le jeune Roux au milieu de ses condisciples, parmi lesquels se trouvait M. Barthe, l'ancien ministre et président de la Cour des Comptes. Dans l'espace, relativement fort court, de quatre années, Roux put achever avec succès toutes les classes de latinité, et son instruction n'en était pas moins solide. Personne ne montrait dans les causeries de l'intimité une plus parfaite connaissance des anciens classiques ; et, grâce à son goût pour la lecture, à laquelle il consacrait les rares loisirs d'une vie toute dévouée à la science médicale, on peut dire que M. Roux avait un esprit des mieux cultivés et aussi fructueusement nourri des auteurs anciens que de la saine littérature moderne. De bonne heure, il montra également une grande aptitude pour l'art du dessin, et cette légèreté de la main explique la grande habileté dont il fit preuve plus tard en chirurgie opérative.

C'est en 1813, et n'ayant pas encore atteint l'âge de 17 ans, que M. Roux commença à fréquenter les hôpitaux, et le hasard le servit à souhait.

Le service chirurgical de l'hôpital civil et militaire de Narbonne était alors confié au docteur Cafford, homme modeste, faisant peu de bruit autour de lui, mais praticien consommé, chirurgien très habile, et sachant par dessus tout inspirer à ses jeunes élèves le goût de l'étude. Les premiers éléments de la chirurgie furent donc puisés à bonne source par M. Roux.

A ce premier avantage, la malheureuse guerre d'Espagne se chargea d'en joindre un second; les salles de l'hospice de Narbonne étaient encombrées de blessés ; chaque élève se trouvait surchargé de besogne, et l'on ne saurait assez dire tout ce que l'œil et la main apprennent, tout ce que l'expérience amasse sans s'en douter, et même tout ce que le cœur gagne à voir de près, dès le début de nos études, les misères nosocomiales, à suivre attentivement leurs évolutions, et à chercher de bonne heure les moyens d'adoucir la douleur de ceux qui souffrent, tout en diminuant le plus possible le temps de leurs épreuves.

Qu'on nous permette à ce sujet une courte digression. Il est assurément regrettable que le nombre relativement trop limité des places ne permette pas à chaque élève en médecine d'arriver au moins à l'*Externat*; mais il y a le *stage* ouvert à tous indistinctement; et si l'utilité de cette institution était comprise comme elle mérite de l'être, on devrait, qu'on nous passe le mot, prendre ce stage à l'abordage.

Quoique il en soit, organisé comme il l'était, pour s'approprier le plus d'instruction possible, on pressent déjà de quelle manière le jeune Roux sut mettre à profit les premiers enseignements du chirurgien Cafford et ceux fournis par la multiplicité des pansements auxquels il devait chaque jour se livrer.

Une troisième circonstance, non moins favorable à l'apprenti chirurgien, vint bientôt, hélas! réclamer de lui un concours plus actif et plus important encore.

Un de ces affreux épisodes qui ne prouvent jamais de quel

côté est le droit et la raison, et dont le résultat le plus certain est de diminuer la production du sol en décimant les forces qui doivent le labourer, et de transformer en larmes amères les joies les plus pures de la famille, la bataille de Toulouse, se chargea de mettre complètement en relief tout ce qu'il y avait déjà de sens pratique et de sage initiative chez un jeune homme de 18 ans. Accourant, avec plusieurs de ses camarades, là où il y avait le plus de blessés à secourir, son courage et son patriotisme furent à la hauteur du patriotisme et du courage des médecins militaires qu'il venait aider dans leur pénible mission. Et, il nous semble opportun de placer ici une remarque suggérée par cette même bataille, et qui a peut être sa petite importance à une époque où de belles intelligences *dévient* de leurs aptitudes naturelles et se jettent à corps perdu dans les agitations de la politique, n'atteignant d'autre but que celui d'apporter une pierre de plus à la tour de Babel, alors que la même intelligence consacrée, par exemple, à la médecine, serait plus utile à l'humanité et plus profitable au savant lui-même. Cette remarque la voici : à 56 années de distance de la bataille de Toulouse, nous rendons tous unanimement hommage au noble et froid courage des médecins et des jeunes élèves qui s'exposèrent au feu de l'ennemi pour apporter aux malheureux blessés un secours d'autant plus efficace qu'il est plus prompt. Hé bien! celui là même qui commandait en chef l'armée française, l'illustre maréchal Soult, par cela seul qu'il voulut accepter un jour un certain rôle politique, s'est vu tantôt *acclamé* comme vainqueur de cette bataille, tantôt *accusé* de l'avoir perdue, selon qu'il se trouvait placé en *dedans* ou *en dehors* du banc ministériel; et telle est en général l'impartialité de l'histoire en matière politique.

Jean-Noël Roux, fort heureusement pour lui et pour ses travaux, ne s'attarda jamais dans des traverses ne conduisant pas directement aux conquêtes scientifiques, et il faudrait souhaiter qu'il eût beaucoup d'imitateurs !

L'année scolaire de 1818 à 1819 venait de commencer, lorsque M. Roux prit sa première inscription à la Faculté de médecine de Montpellier. A mon humble avis, l'enseignement de Montpellier, en se transformant, n'a rien perdu de son antique importance; et de nos jours encore, cette illustre école possède des hommes d'une grande valeur et dignes à tous égards de transmettre à leurs successeurs la légitime illustration de ce berceau de tant de bons praticiens. Mais à l'époque dont il s'agit, la lutte entre les Doctrines imprimait à l'enseignement un cachet particulier ; la passion s'y mêlait parfois et le zèle des travailleurs n'en était que plus stimulé. Lordat philosophait avec un savoir prodigieux et une grâce inimitable; Baumes vulgarisait le plus pur Hippocratisme ; et Anglada, qui joignait à l'enseignement de la médecine légale celui de la chimie à la Faculté des sciences, faisait déjà entrevoir, dans un langage très imagé et plein de verve, tout ce que la médecine pourrait emprunter un jour au riche domaine des sciences accessoires. Mais, sans vouloir laisser dans l'oubli de sages cliniciens tels que Broussonnet et Caisergues, c'est surtout dans l'enseignement de la chirurgie que Montpellier excellait à pareille époque. Delpech, une des gloires, avons-nous dit, de la chirurgie française, enthousiasmait chaque jour son auditoire par la hardiesse et la nouveauté de ses conceptions ; et, à côté de Delpech, grandissait promptement dans l'estime publique un autre professeur, formant avec son collègue un contraste frappant. Autant la parole était facile, vive et entrainante chez Delpech, autant elle paraissait pénible et embarrassée chez Lallemand. Mais peu à peu la langue se déliait et une admirable intelligence trouvait des expressions claires et précises pour se manifester.

Entre ces deux hommes d'élite qui se partageaient la sympathie des élèves, tout en captivant l'admiration de tous, M. Roux fit son choix d'après les aptitudes qu'il se reconnaissait; et une circonstance fortuite amena bientôt le maître à tendre une main affectueuse à son cher élève, à son futur chef de clinique, au moment où le cœur de l'élève se donnait tout au maître. Nous avons déjà mentionné que M. Roux maniait le crayon avec une grande dextérité, et un jour Delpech le surprit dessinant avec beaucoup d'exactitude les traits d'un malade qui allait subir une opération grave; il s'éprit du dessin et du dessinateur et, à dater de ce jour, M. Roux fut, dans l'affection du maître, placé sur la même ligne que Michel Serre et Rigal de Gaillac : trois disciples éminents qui ont honoré l'école d'où ils sortaient autant par leurs écrits que par les brillants succès de leur pratique.

Reçu docteur en 1822, M. Roux présenta, comme sujet de thèse inaugurale, une remarquable étude sur les *Disjonctions des épiphyses*.

L'épigraphe choisie par le jeune auteur, *Observatio Constat*, indiquait assez dans quel esprit était conçu le travail. Aussi lorsque Lallemand, qui n'avait pas un excès de tendresse pour les élèves favoris de Delpech, voulut pousser vigoureusement le jeune récipiendaire, M. Roux défendit son œuvre avec un plein succès, car tous ses arguments furent étayés sur des pièces anatomiques.

Mais avant d'aller plus loin dans l'énumération de ses travaux, suivons d'abord notre regretté collègue dans les débuts de sa carrière professionnelle.

N'étant pas né sous des lambris dorés, et les nécessités de la vie ne lui permettant pas de renvoyer à plus tard la recherche d'une position qui pût satisfaire à ses exigences, M. Roux fut s'établir d'abord à Saint-Maximin et y acquit en moins de deux ans une réputation qui dépassa promptement les étroites limites du département du Var. Les chirurgiens de la province étaient en ce temps-là fort peu familiarisés avec les grandes opérations d'autoplastie. Les premiers succès du jeune arrivant attirèrent donc l'attention des confrères établis dans les localités voisines, et de tout côté on s'empressait de lui adresser tous les malades atteints d'infirmités réparables par la nouvelles chirurgie restauratrice.

Un heureux hasard avait du reste fourni à M. Roux l'occasion de faire en sa faveur une réclame des plus honorables et des mieux admises par la plus sévère délicatesse.

Un pauvre chanteur de complaintes, très connu dans le département, allait de bourgade en bourgade mendier le pain à l'aide de son gosier. Malheureusement pour lui il était atteint d'une difformité de la face qui nuisait parfois à son caractère naturellement patient et jovial. M. Roux lui proposa l'opération qui fut acceptée. La difformité disparut et l'on devine si la propagande d'une pareille guérison fut promptement et efficacement entreprise par ce pauvre homme, qui put désormais se livrer à ses chansons et à la jovialité de son caractère, sans redouter cet esprit de mauvais aloi — commun dans les grandes villes, pas rare dans les petits bourgs — et qui se montre aussi peu indulgent pour un nez qui fait défaut, que pour une paupière refusant sa protection à l'œil.

En 1827, après cinq années de séjour à Saint-Maximin, des convenances de famille et plus encore le besoin de se placer au centre d'une soixantaine de communes qui se disputaient ses soins, engagèrent M. Roux à s'établir à Brignoles où sa réputation grandissait d'année en année. Mais ce n'est pas impunément que l'on surmène l'esprit et le corps ; passant les journées à courir d'une commune à l'autre, et les nuits à rédiger et collationner les nombreux faits qui se pressaient sous son observation, la santé faiblit et notre collègue dut se résigner a prendre un peu de repos ; c'était en 1836. Il pensa alors, et avec raison, que le climat de Marseille lui serait plus favorable que celui de Brignoles ; il dut espérer que les nombreuses et honorables relations qu'il s'était créées dans notre ville, par suite des intéressants mémoires fréquemment communiqués à la Société de médecine, lui rendraient l'existance professionnelle plus facile et moins fatigante qu'au milieu des campagnes ; il lui était enfin permis de croire qu'en se fixant dans une grande cité, dotée de grands hôpitaux, il y trouverait toutes les ressources nécessaires à sa légitime et très avouable ambition.

Son calcul fut-il exact ? et le résultat a-t-il complètement répondu à ses espérances ? Nous le verrons plus tard ; mais revenons maintenant à l'examen de ses œuvres scientifiques, que nous diviserons en trois catégories selon qu'elles s'occupent de Médecine ou de Thérapeutique, de Tératologie, ou de Chirurgie et de Médecine opératoire. Du reste, dans tous ses travaux et conformément à la doctrine commune à tous les élèves de Delpech, M. Roux n'a jamais admis une séparation tranchée, et par cela même dangereuse, entre la médecine et la chirurgie ; ce ne sont pour lui, comme pour bien d'autres, que deux parties d'un même tout.

En tête des travaux appartenant à la première catégorie, nous devons mentionner un excellent mémoire sur le cancer de l'encéphale et de ses dépendances, imprimé à une époque où les *Lettres* de Lallemand cherchaient déjà, et avec succès, à défricher une partie du vaste terrain concernant les maladies du cerveau et de ses enveloppes.

Sept observations recueillies avec soin permirent à M. Roux de bien préciser la symptomatologie de la maladie ; il en fixa les caractères qui la distinguent du tubercule cérébral — s'aidant en cela du mémoire de Gendrin — et détermina la durée de l'évolution de cette dégénérescence fatalement mortelle. Il limite cette évolution à huit mois ; et le fait a été mis plus tard hors de doute par les nombreuses recherches de Lebert.

Dans un second mémoire sur l'inflammation de l'arachnoïde, M. Roux démontre, également par des faits, que dans bien des cas de plaies de tête, un traitement médical, promptement et vigoureusement appliqué, est beaucoup plus utile aux blessés que de longs et infructueux discours sur le mode de pansement qui peut le mieux convenir à ces plaies.

Dans un autre travail, il s'occupe plus particulièrement de l'hypertrophie du cœur et défend chaudement Laënnec contre les idées de ceux qui s'obstinaient à ne voir, dans l'œuvre de l'illustre breton, qu'un objet de simple curiosité ! Assurément l'intention de M. Roux était parfaite ; mais, en pareil cas, on peut se contenter, à l'exemple de l'ancien philosophe, de marcher devant ceux qui nient le mouvement. En tous temps, il se trouvera toujours des esprits impatients qui, en médecine, ne comptent pas pour grand chose la précision mathématique du diagnostic si l'on ne peut placer immédiatement le remède en face du mal. Ici, comme ailleurs, il faut savoir se passer de leur approbation et se contenter de la satisfaction que l'on éprouve alors que l'on avance toujours, quoique lentement, vers un progrès digne de ce nom.

Il est d'ailleurs bien évident pour tous que, si d'un côté on perfectionne de plus en plus l'art du diagnostic, pendant que de l'autre on analyse de mieux en mieux l'action physiologique des médicaments, un jour viendra où ces deux moitiés de la médecine pratique pourront s'unir par la plus utile fusion à laquelle on puisse viser.

Dans un quatrième mémoire, M. Roux s'occupe de l'*Epilepsie* et de la *Chorée*. Il n'était pas encore question alors (1853) du bromure de potassium. Des deux névroses, la première, surtout, a fait longtemps le désespoir de la médecine ; et on se demande aujourd'hui encore si le bromure potassique tiendra tout ce qu'il semble promettre, ou si l'efficacité qu'on lui accorde actuellement ne sera pas suivie de la même déception qu'on a éprouvée jadis avec d'autres médicaments qui ont eu leur temps de vogue, comme par exemple, l'oxide de zinc ! En supposant toutefois que les premiers succès attribués au bromure potassique se maintiennent et se multiplient — ce qui est fortement à désirer — on ne doit pas moins savoir gré à M. Roux d'avoir apporté son contingent à ce difficile problème de thérapeutique en proposant l'usage de l'hydrocyanate de fer uni à la valériane. Ses idées à ce sujet ont été longuement et très bien exposées dans la thèse inaugurale de M. Fabre, de Cotignac (Var), ancien chef de clinique à l'école de médecine de Marseille.

Quatre autres écrits traitent d'une manière spéciale et avec une incontestable autorité, 1° de l'emploi de l'émétique à haute dose, 2° de l'eau de laurier-cerise comme agent thérapeutique, 3° du seigle ergoté, 4° du colchique. Les travaux ultérieurs sur ces divers médicaments enlèvent assurément beaucoup d'intérêt aux recherches expérimentales de M. Roux, mais la justice veut qu'on le classe parmi les praticiens qui, en France, ont le mieux et le plus promptement compris tout le parti que l'on peut tirer de l'emploi du tartre stibié à haute dose, lorsque on sait se conformer aux signes de tolérance ou d'intolérance si bien indiqués par Rasori.

Quant au laurier-cerise, c'est encore M. Roux qui a signalé des premiers la différence du mode de cohobation et la différence des terrains et du climat où a végété le laurier comme étant les principales causes qui peuvent modifier le résultat de l'expérimentation.

Ceux enfin qui seraient tentés d'écrire l'histoire des variations qu'a subies l'emploi du seigle ergoté, avant d'être définitivement admis dans la pratique obstétricale, ne devront pas oublier que M. Roux, en 1830, fut du petit nombre de ceux qui protestèrent le plus énergiquement contre les reproches adressés au seigle, de compromettre la vie de l'enfant et d'exposer la mère à la rupture de l'utérus.

La série des travaux compris dans la deuxième catégorie n'est pas longue; les monstres sont heureusement fort rares et le même observateur ne saurait recueillir un grand nombre de faits de cette nature. Cependant, il a été donné à M. Roux de relater, dans son premier mémoire sur l'*Anencéphalie*, le fait connu dans l'histoire des monstruosités sous le nom d'*Anencéphale de Bras*. Deux dessins accompagnent l'observation qui fut adressée, ainsi que la pièce, à J. Geoffroy Saint-Hilaire; et dans ce travail, après avoir discuté les opinions de Meckel, de Dupuytren, de Serres et de Breschet sur la production de ces anomalies, M. Roux adopte la théorie qui attribue à une contraction brusque de l'utérus et à des adhérences consécutives de l'embryon avec les fibres des enveloppes déchirées, l'arrêt de développement des organes en défaut.

Deux autres faits concernant une *Podencéphalie* et une *Notencéphalie* ont été encore observés par lui et il les décrit avec le soin minutieux qu'il apportait dans toutes ces études anatomiques.

On pourrait enfin comprendre dans cette catégorie, un curieux mémoire sur l'*Enadelphie* abdominale, ou grossesse par inclusion, lu à l'Académie des Sciences le 1er août 1836 et complété dans une lecture faite à l'Académie de Médecine, vers la fin de la même année.

Quant aux travaux appartenant à la troisième catégorie, c'est là principalement qu'apparaît tout le savoir et l'incroyable activité de notre collègue. Deux mémoires avec planches sont consacrés à l'étude des tumeurs fibreuses de l'utérus dont il admet cinq variétés: tumeur fibreuse proprement dite, tumeur folliculaire ou glandulaire, tumeur cystique ou vésiculaire sous-muqueuse, tumeur vésiculaire sus-muqueuse, et tumeur *frangée* ; variété qui n'avait jamais été reconnue ni décrite avant M. Roux.

«Mais c'est plus particulièrement encore en autoplastie que se révèle le digne disciple de Delpech ; partisan éclairé de la méthode dite par *glissement*, il a successivement publié différents mémoires sur la rhinoplastie, la génioplastie, la cheiloplastie et l'autoplastie sous-hyoïdienne. Dans tous il apporte des preuves pratiques à l'appui des ingénieux procédés opératoires qu'il propose; et, avec une sage prévision, il n'omet jamais d'indiquer quelles sont les dispositions des parties à reconstituer qui peuvent *s'opposer* à la réussite de l'opération et par cela même la *contre indiquer*.

On sent, en parcourant ces pages, que l'auteur se trouve sur un terrain qui lui est familier, et on peut résumer l'impression qu'on éprouve, après les avoir lues, en disant qu'elles sont écrites de main de maître.

Et cependant, en dehors même de ce terrain, le maître se montre encore. Son mémoire sur l'*Imperforation de l'anus*, communiqué à l'Académie de Médecine, est un petit chef-d'œuvre que l'on peut consulter avec d'autant plus de profit que les travaux ultérieurs de Goyrand, de Bouisson et de Rizzoli, n'ont fait que confirmer les prévisions de M. Roux.

La résection de l'articulation scapulo-humérale, l'amputation du maxillaire supérieur, les lésions physiques des articulations, la taille bi-latérale, et plus particulièrement l'enchondrome et les kystes séreux du cou ont encore fourni à M. Roux le sujet de mémoires importants ou de lectures intéressantes à l'Académie de Médecine ; et dans tous, les mêmes qualités se montrent en relief : beaucoup d'initiative, grande sagacité et sain jugement.

Mais il est temps d'arrêter cette longue énumération des titres avec lesquels M. Roux a gravé son nom dans les annales de la Science. Sa vie, comme écrivain, a été dignement remplie. Il s'imposait souvent un excès de travail qui retentissait péniblement sur son état de santé. Mais il avait adopté une maxime qui ne lui permettait pas de s'arrêter. « Celui qui « consacre, disait-il, ses moments de loisir à communiquer « aux autres les faits qu'il observe et le fruit de ses médita- « tions, est souvent en butte aux traits d'une ignorance « jalouse, et il se doit à lui-même de répondre à ces traits « par plus de zèle encore et par de nouveaux travaux. »

M. Roux eut donc à subir parfois les atteintes de la jalousie, apanage commun à toutes les individualités d'une valeur réelle, quelle que soit la carrière par elles embrassée. Son caractère en fut-il affecté ? nous allons en juger en reprenant le récit de sa vie professionnelle. Ce n'est pas sans quelque regret, j'en conviens, qu'il faut ici payer à l'histoire le tribut que la vérité lui doit. Mais le récit des événements, grands ou petits, qui ont accidenté la vie de ceux qui ne sont plus ne doit pas être perdu pour ceux qui restent. Au surplus, il est toujours permis, ce nous semble, de puiser dans les souvenirs du passé, lorsqu'on le fait avec une intention honnête, et sans aucune arrière pensée qui ne puisse être loyalement avouée.

M. Roux, avons-nous dit, vint s'établir à Marseille en 1836 ; il fut, dès l'année suivante, nommé professeur de médecine opératoire à l'ancienne Ecole de Médecine, et ici commence pour lui un premier ennui. Le nom de Roux étant très commun en Provence, il était assez naturel qu'en prenant domicile dans le Var, notre regretté collègue joignit le nom du pays qu'il allait habiter, à celui de sa famille ; c'était une caractéristique presque indispensable, et ses premiers travaux publiés de 1825 à 1828 portent, comme nom d'auteur, celui de Roux, *de Saint-Maximin*.

De 1828 à 1836 le changement de résidence dut forcément modifier la caractéristique primitivement adoptée et les nouvelles publications furent signées par Roux, *de Brignoles*, nom qui lui est définitivement resté dans la science.

Déjà, dans quelques occasions, et par suite d'erreur volontaire ou involontaire, on avait tenté de *dédoubler* le savant chirurgien de Saint-Maximin d'abord et de Brignoles ensuite ;

mais ce fut bien pire encore lorsque M. Roux devint marseillais Ne voulant pas, lui, changer une caractéristique qui était devenue en quelque sorte l'étiquette des produits de son intelligence, d'autres se chargèrent d'interpréter à leur convenance ce qui ne convenait guère à notre collègue. Aussi lorsque parut l'arrêté ministériel nommant M. Roux, Professeur de médecine opératoire, il fallut que le grave *Moniteur* de l'époque, en mettant des points sur le prénom de *Jean-Noël*, vint quelques jours après, rendre à César ce qui lui appartenait, et couper court à des prétentions qui se trouvaient autant en désaccord avec la justice qu'avec l'intérêt de l'enseignement.

Ce n'est pas tout encore. Il vint un moment où les hommes les plus influents de l'Académie de médecine, tels que Lisfranc, Velpeau, Rostan et bien d'autres, jugèrent convenable d'accorder à M. Roux la plus haute récompense qui puisse couronner les travaux d'un médecin de province, et son nom fut inscrit sur la liste des candidats au titre de correspondant. L'élection eût lieu et le nom de Roux sortit de l'urne ; malheureusement la caractéristique principale manquait, la nomination *dévia* de sa véritable destination, et l'Académie, ayant déjà été remerciée par le bénéficiaire de l'homonimité, dut procéder au choix d'un deuxième correspondant, choix qui atteignit, cette fois, sa véritable adresse.

Ces divers et regrettables incidents eurent déjà quelque influence sur le caractère, naturellement un peu concentré, de M. Roux. Il croyait remarquer parfois autour de lui des confrères mal disposés à son égard, alors qu'ils tenaient au contraire en grande estime sa personne et son savoir ; il se livrait rarement aux douceurs de l'intimité, se tenait souvent à l'écart et paraissait regretter d'avoir abandonné Brignoles pour le chef-lieu des Bouches-du-Rhône.

Cependant au milieu des malaises d'une nature très active, un dernier espoir diminuait les regrets de son changement de domicile. Un grand service d'hôpital à sa disposition était le rêve de toute sa vie. Le concours n'existait pas alors ; et d'ailleurs la tournure d'esprit et le genre de talent oratoire de notre collègue n'était pas de ceux qui réussissent le mieux dans ces sortes de luttes ; toutefois M. Roux pouvait espérer que sa position de professeur de médecine opératoire lui permettrait un jour d'être chargé, au moins temporairement, et comme suppléant, du service de la clinique chirurgicale ; pareille suppléance n'étant pas, en effet, sans précédents à une époque où l'école de médecine de Marseille n'avait pas encore bénéficié des réformes de l'organisation actuelle. Ce jour tant désiré arriva enfin, mais loin de faciliter le but poursuivi par M. Roux, il l'éloigna à jamais, et ceci mérite une mention spéciale.

C'était en 1838 ; le professeur de clinique, désirant prendre quelques jours de repos, se décide à confier le service aux soins de son collègue chargé de l'enseignement de la médecine opératoire; le rêve allait donc se réaliser : il n'y eût cependant, au réveil, qu'une déception de plus pour M. Roux. Il se mit à l'œuvre avec beaucoup de zèle, mais trop de zèle ; il obtint auprès des malades, et auprès des élèves, beaucoup de succès, mais trop de succès ; et parmi les suffrages reçus, il y en eut encore un de trop et qui devait faire verser la mesure : ce fut celui de Lallemand. On n'a pas oublié, sans doute, qu'à cette même époque le savant professeur de Montpellier s'occupait avec prédilection d'un sujet auquel il a consacré trois volumes de ce style aussi vigoureux qu'original qui caractérise ses œuvres. On pria donc M. Lallemand, qui se trouvait de passage à Marseille, de faire dans l'Amphithéâtre de l'Hôtel-Dieu une leçon — qu'on appellerait aujourd'hui une conférence — sur la spermatorrhée involontaire.

Après cette leçon (1), qui eut un très grand succès et dont l'auditoire était composé non-seulement de tous les élèves de l'école mais d'un grand nombre de médecins de la ville, on visita l'hôpital et au milieu de la salle des blessés on dût s'arrêter, et unanimement applaudir à un brillant résultat d'autoplastie de la face récemment pratiquée par M. Roux.

(1) Elle fut recueillie avec beaucoup d'exactitude, et publiée dans un journal de la localité, par M. le docteur Rivière.

Personne ne s'abstint assurément d'adresser des félicitations bien senties à l'habile chirurgien suppléant, mais..... on ne mit jamais plus son zèle à contribution.

Qu'on ne suppose pas qu'en rappelant ce nouvel exemple des faiblesses humaines, nous ayons le triste désir d'amoindrir le respectueux hommage que l'on doit à la mémoire d'un homme de talent, qui occupa dignement, parmi les médecins de Marseille, une position des plus distinguées. Certes la grande et belle figure de Dupuytren n'est pas descendue de son piédestal par cela seul qu'on a pu reprocher à cet éminent chirurgien plus d'un trait de jalousie mesquine et peu digne de son immense renommée. Mais, encore une fois, l'histoire offre des enseignements qu'il est toujours utile et souvent nécessaire de connaître ; la science a plus particulièrement le droit de s'enquérir de tout ce que peuvent faire perdre au vrai progrès les convenances ou les susceptibilités individuelles ; et on ne peut se défendre d'un vif regret quand on songe à tout ce que la chirurgie militante aurait eu à gagner si un homme de la valeur de M. Roux eût été placé à la tête d'un grand service d'hôpital. Tout ne fut pas perdu, cependant, pour la science écrite, et on a pu en juger par le nombre et l'importance des publications sus mentionnées.

Lorsque à la réorganisation des écoles préparatoires, la chaire de pathologie externe fut réunie à celle de médecine opératoire, M. Roux se trouva enfin chargé d'un enseignement qui convenait admirablement bien à la variété de ses connaissances et à la richesse de son manuel opératoire. Ce que fut cet enseignement, peuvent seules le dire les nombreuses générations d'élèves qui se sont succédé à l'Ecole. Constatons seulement que si l'organe était un peu faible chez le professeur, si la diction était parfois lente et un peu froide, ces très-légers défauts étaient amplement compensés par la clarté, par la précision et par l'incomparable méthode avec lesquelles il savait mettre à la portée des élèves tout ce qu'il leur importe de savoir. Il faisait plus encore ; il leur inspirait ce qu'il tenait lui-même de son premier maître, le goût du travail ; et maintes fois, à l'occasion des examens de fin d'année, il eut l'heureuse chance de se voir féliciter lui même par ses collègues, à propos de l'instruction déjà fort avancée dont témoignait l'interrogatoire de quelques jeunes gens n'ayant encore qu'une année d'étude !

Associé à l'Académie de médecine, à la Société Impériale de chirurgie et à beaucoup d'autres corps savants ; appelé deux fois à la présidence de notre Compagnie et rappelé souvent dans son Conseil d'administration, une seule distinction honorifique a fait défaut à M. Roux, et c'est précisément celle qu'il aurait dû recevoir depuis longtemps ; car, en dehors de ses travaux et de sa longue carrière universitaire, il avait rendu à l'administration, comme membre du Conseil d'hygiène du Var, et comme médecin légiste attaché au parquet de Brignoles, des services qui honorent sans doute celui qui les rend mais qui obligent aussi ceux qui les reçoivent.

Les obligés ont *oublié ;* disons mieux, ils ont fait *en se rappelant* une part trop large au zèle des âmes charitables qui, dans une première occasion, couvrirent M. Roux d'un manteau *trop rouge*, réservant pour la seconde édition un manteau *trop blanc !* Or, ces deux couleurs n'étant pas précisément des plus à la mode à ces deux époques, il était facile de prévoir le résultat de ces *bienveillantes* manœuvres.

La science et le dévouement envers ceux qui souffrent n'ont pas de couleur ; mais la vérité est que M. Roux n'a jamais aimé les teintes extrêmes. Il voulait l'ordre sans despotisme, et désirait la liberté sans licence ; et il semble permis de croire que pareille déclaration de principes ralliera toujours, sous un même drapeau, tous les gens sensés qui placent au dessus des petites rancunes et des grandes ambitions, le repos de leur pays et la possibilité d'une vie aisée pour le plus grand nombre, en facilitant le travail par la stabilité des institutions.

M. Roux se consola de cet oubli en redoublant de zèle pour la vulgarisation d'idées utiles à l'art de guérir, et en maintenant l'enseignement de la chirurgie à la hauteur très-remarquable qu'il lui avait imprimée dès le début de son professorat.

Arrivé à l'âge de 72 ans, sans que ses belles facultés intellectuelles eussent aucunement faibli, il ne se fit bientôt aucune illusion sur la nature et la gravité des souffrances physiques qui le tourmentaient. Le séjour à la campagne et le repos parurent enrayer d'abord les progrès de la maladie ; mais ce ne fut qu'une amélioration temporaire, car malheureusement les soins les plus tendres et les plus dévoués ne pouvaient triompher d'une lésion organique profonde et d'un complet épuisement des forces.

Les progrès du mal furent donc rapides, et M. Roux comprit bientôt que sa fin était prochaine ; mais, doué de sentiments religieux et n'ayant jamais séparé la philosophie de la foi chrétienne, il put envisager la mort avec la sérénité de l'honnête homme qui, devant Dieu et sa conscience, croit n'avoir rien à se reprocher.

Son cœur et son intelligence ne connurent jamais d'autre passion que celle de la famille et de l'étude. Nous avons vu ce qu'il a fait en l'honneur de la profession qu'il avait embrassée ; et personne de nous n'ignore que, de son vivant, il a dû éprouver la plus douce satisfaction que puisse ambitionner un père, celle de voir son fils et son gendre honorer, à leur tour, le nom qu'ils portent, soit dans le service des hôpitaux, soit dans la carrière de l'enseignement où ils sont entrés par la porte la plus enviable entre toutes : celle des concours.

Telle fut la vie, Messieurs, et telles sont les œuvres du professeur Jean-Noël Roux, de Brignoles.

Puissé-je, en traçant ces lignes, avoir rendu à la mémoire de notre regretté collègue tout ce qu'elle a si bien mérité. Que si le tableau laisse pourtant encore à désirer, s'il présente de trop nombreuses imperfections, ce n'est pas assurément au modèle qu'il faudra s'en prendre mais, à l'insuffisance du peintre.

www.ingramcontent.com/pod-product-compliance
Lightning Source LLC
Chambersburg PA
CBHW060634050426
42451CB00012B/2579